AF235568

Reykjavik lieben lernen

Der perfekte Reiseführer für einen unvergesslichen Aufenthalt in Reyjavik inkl. Insider-Tipps, Tipps zum Geldsparen und Packliste

Sophia Kolthoff

✈ INHALT

Vorwort

Lust auf ein phänomenales Reiseziel? Dann sind Sie in Reykjavik genau richtig! In der kleinen Hauptstadt Islands ist die Lust am Leben an jeder Ecke zu spüren und ein echtes Highlight auf Ihrer Reiseliste. Die Vielfalt der Gegensätze kommt hier zum Ausdruck: Man lebt technischen Fortschritt und pflegt zeitgleich die eigene Kultur. Nur wenige Kilometer fernab der quirligen Metropole findet man unberührte Natur. Lassen Sie sich auf den nächsten Seiten mitreißen in eine ganz eigene Welt zwischen Elfen, Trollen und einem jungen, kreativen und pulsierenden Leben. *Skemmtu pér!*

Reykjavik Basics

GESCHICHTE UND HISTORIK

Reykjavik hat seinen Namen dem ersten Siedler Ingólfur Arnarson zu verdanken. Er benannte die Stadt nach dem, was er als Erstes sah, nämlich Rauch und Dampf. Übersetzt heißt Reykjavik demnach „Rauchbucht". 1801 lebten dort nur 300 Menschen, heute sind es rund 180.000 Einwohner im Großraum Reykjavik. In der Innenstadt rund 120.000.

1944 wurde Island eine demokratische Republik und erklärte seine Unabhängigkeit. Während des zweiten Weltkriegs stand das Land unter englischamerikanischer Besatzung, was später zu einer ausgebauten Infrastruktur führte.

Die größte Stadt Islands befindet sich an der südwestlichen Küste, 1786 erhielt sie das Stadtrecht und ist die nördlichste Hauptstadt der Welt!

DAS LEBEN IN DER STADT

Reykjavik ist eine junge Stadt. Sie wächst und probiert sich aus. Aus Sicht der Stadtbewohner ist Reykjavik – natürlich – das Zentrum des Landes. Das Leben dort lässt sich mit nur einem Wort beschreiben: kreativ!

Die Menschen sind weltoffen, modern und ein kleines bisschen extravagant. Die Bevölkerung gilt als temporeich und sehr kreativ. Das repräsentiert am besten der isländische Weltstar „Björk": Sie fällt mit ihrer exzentrischen Mode und Musik auf – die typische künstlerische Brise Islands!

Bekannt ist die kleine Stadt auf jeden Fall für ihr großes Nachtleben. Das liegt sicherlich auch daran, dass seit 1999 die Sperrstunden in den Kneipen gefallen sind und die Partys demzufolge bis früh in die Morgenstunden anhalten. Es gilt: je bunter und schriller desto besser! Man könnte meinen, die Leute feiern am Wochenende ihren Frust der Arbeit und des überwiegend launischen Wetters einfach weg.

Nichtsdestotrotz ist Reykjavik eine besucherfreundliche Stadt, man erreicht alles zu Fuß oder mit dem Rad, sie ist kosmopolitisch im Geist und zugleich spürt man allzeit das gute alte Dorfgefühl.

Tipps für den perfekten Städtetrip

UNTERKUNFT

Sie können in Reykjavik frei wählen, welche Unterkunft am besten zu Ihrer Reise passt. Hotel, Hostel, Ferienwohnung oder Airbnb – es bleibt Ihnen überlassen. Am beliebtesten sind jedoch immer noch die Hotels in der Hauptstadt, vor allem für all diejenigen, die einen Städtetrip planen. Hier meine top Hotelempfehlungen:

Das „Exeter Hotel" in der Nähe des Hafens. Dieses Design-Hotel ist besonders für junge Reisende attraktiv – im Eingangsbereich befindet sich ein Restaurant mit Bar, die Sauna und der Fitnessraum sind inklusive ebenso wie ein vielfältiges Frühstück mit einer Kaffee-Flatrate! Das Hotel liegt im Zentrum, es ist alles fußläufig zu erreichen, womit dem Nachtleben nichts mehr im Wege steht. Skál!

Familienfreundlicher ist das „Frost and Fire Hotel", etwas abseits des Stadtzentrums, dafür mitten in unberührter Natur. In der Nähe liegt der Ort Hveragerði, der für seine heißen Quellen bekannt ist. Frühstück und Wellness sind ebenfalls inklusive. Perfekt, um die Seele baumeln zu lassen! Ein Mietwagen für diese Unterkunft ist von Vorteil.

Wieder direkt im Zentrum liegt das „CenterHotel Thingholt" - Wellness, Frühstück und Zentrumsnähe inklusive!

KULINARISCHE HIGHLIGHTS

Von lecker bis skurril – das isländische Essen hat es auf jeden Fall in sich. Klassiker in diesem Land reichen von Skyr, Fisch jeder Art, Hotdogs, geröstetem Lamm, dunklem Roggenbrot aus einer heißen Quelle bis hin zu fermentiertem Hai und ganzen

Schafsköpfen. (Achtung: Diese findet man übrigens in den Gefriertruhen der Supermärkte!)

Reykjavik ist kulinarisch gesehen der perfekte Ort, um die isländische Küche besser kennenzulernen, beispielsweise auf dem „Reykjavik Food Walk". Durch einen Rundgang lernen Sie die isländischen Gerichte und einige von Reykjaviks Highlights kennen. Auch der Food-Markt „Hlemmur Mathöll" ist ein Markt mit verschiedenen Restaurants, Bistros und Cáfes. Zudem kann dort isländisches Brot und Gemüse gekauft werden.

INSIDERTIPPS

„Múlakaffi" - essen wie die Isländer! Dieses Restaurant ist von außen nicht hip oder edel, weswegen noch wenige Touristen sich dorthin verirren. Hier gibt es aber traditionell häusliche Küche zu vergleichbar günstigen Preisen. Ein Besuch lohnt sich in jedem Fall! (Hallarmúla 1)

Ein Abendessen bei „Fish Company" ist für alle Fischliebhaber zu empfehlen. Besonders traditionell sind „Fish and Chips" bei den Reykjavikanern und diese machen ihrem Ruf alle Ehre. (Vesturgata 2a,

Grófartorg, 101)

Was natürlich nicht fehlen darf, ist ein klassischer Hotdog – die gibt es in dieser Stadt an jeder Ecke und sogar an den Kiosken. Besonders zu empfehlen ist: Baejarins Beztu Pylsur in 101!

Das Herzstück Reykjaviks ist aber auf jeden Fall die Cáfeszene. Der Kaffee gehört zu den Isländern wie die Luft zum Atmen. An jeder Ecke sieht man kleine und ausgefallene Cáfes und überall duftet es nach frisch gemahlenem Kaffee und Gebäck aller Art. Die Kombinationen der Süßspeisen sind durchaus überraschend – die beliebteste Kreation ist Schokolade mit Lakritz. Diese findet man als klassische Schokoladentafel bis hin zum Schokolakritz-Kuchen oder Schokolakritz-Eis. (Bei Valdis am Hafen!) Tatsächlich ist es eine der besten Kombinationen, die ich kenne.

Ein kleiner Überblick der besonderen Cáfes in Reykjavik:

- „Cáfe Haiti" mit fantastischem Kaffee aus fair gehandelten Kaffeesorten und vielfältiger Auswahl. (Geirsgata 7b/Fisherman´s Wharf 2)
- „Cáfe Paris" - das erste Haus am Platz, mit einer Terrasse und wunderbarem Blick auf das

Stadtgeschehen. Es ist ein sehr beliebtes Cáfe, weswegen es dort am Wochenende recht voll werden kann. (Austurstraeti 14)

- Insidertipp: „Brauð & Co" - mit mehreren Filialen und in jeder von ihnen gibt es die besten Zimtschnecken der Welt!

Allgemein ist die Qualität der Lebensmittel in ganz Island sehr gut. Vor allem bei Fisch und Fleisch ist diese besonders hervorzuheben, da die Isländer beispielsweise kein Fleisch importieren. Es wird nur Fleisch aus Island verarbeitet – was vor allem der Tierhaltung zugutekommt und sich andere Länder einiges diesbezüglich abschauen können. Bio-Siegel gibt es in Island so gut wie keine. Das hat den Hintergrund, dass diese tatsächlich überflüssig sind, da die frischen Lebensmittel sowieso regional sind. Demnach ist die Qualität auf jeden Fall ihren Preis wert!

SEHENSWÜRDIGKEITEN

Zu Beginn gleich zwei Sehenswürdigkeiten auf einen Streich: Schlendern Sie entlang der kleinen Einkaufsstraße „Skólavörðustígur", die Sie direkt zur atemberaubenden Kirche „Hallgrímskirkja" führt. Sie wurde vom Architekten Guðjón Samúelsson entworfen und beeindruckt mit ihren geschwungenen Seitenflügeln. Den besten und zugleich schönsten Ausblick hat man vom Turm der Kirche. Von dort oben blickt man auf ein Häusermeer mit bunten Dächern – passend zu seinen individuellen Bewohnern. Zur rechten Seite kann man den Hausberg „Esja" bewundern und zur linken Seite den Stadtsee „Tjörn" - beides ist einen Abstecher wert, vor allem im Sommer ist der „Tjörn" Treffpunkt und Zusammenkunft der Reykjavikaner. Beachtlich ist zudem, dass dort über 40 Vogelarten ihr Zuhause haben.

Die „Skólavörðustígur" führt wieder zurück zur „Main Shopping Street", nämlich zur „Laugavegur". Sie ist Dreh- und Angelpunkt und heißt übersetzt „Weg der heißen Quellen". Vermutlich wurde der Name gewählt, weil am Ende der Straße das größte Schwimmbad von Reykjavik steht.

Hier noch ein paar Highlights, die man nicht außer Acht lassen sollte:

Die „Harpa": Direkt am Hafen erscheint ein schimmerndes Glasgebäude, auf das die Bewohner mächtig stolz sind. Die Konzerthalle ist die Heimat des isländischen Symphonieorchesters sowie der Oper. Sie ist jedoch vor allem das soziale und kulturelle Zentrum der Stadt, wo Konzerte jeglicher Art ihre Bühne finden.

Die Confiserie „OmNom": Sie ist die bekannteste und wohl auch beliebteste Schokoladenherstellungsfirma und mittlerweile international vertreten. Einzigartig sind ihre Kombinationen und die typisch künstlerischen Verpackungen, die die Tafeln einzigartig machen. Die Firma befindet sich in der Nähe des Hafens und bietet Führungen an. Wegen ihrer Besonderheiten haben es die Preise jedoch in sich - pro Tafel fallen umgerechnet 11 Euro an. Ich kann Ihnen jedoch versichern, dass jedes Stück davon seinen Preis wert ist!

BUDGET

Genau wie das Essen der Isländer sind auch die Preise – gesalzen. In Island zahlt man mit Isländischen Kronen. Hier ein kleiner Überblick der Umrechnung als Orientierung:

Krone	Euro
1 ISK	0,065 €
900 ISK	5,85 €
1600 ISK	10,35 €
3000 ISK	19,40 €

Die Lebenshaltungskosten sind um einiges höher als in Deutschland. Rechnen Sie beinahe mit dem Doppeltem. Vor allem beim Essengehen und bei Getränken außerhalb des Supermarktes greifen Sie schon einmal tiefer in die Tasche. Ein kleiner Überblick der verschiedenen Bereiche und deren Kosten in Reykjavik. Diese beruhen auf eigenen Erfahrungen:

Hotels: Rechnen Sie für Hotels pro Person und Nacht umgerechnet zwischen 60 und 80 Euro.

Restaurants und Cafés: Rechnen Sie in einem italienischen Restaurant mit ungefähr 40 Euro für eine Pizza und ein Getränk. Einen Kaffee oder

Cappuccino in einem Café in der Innenstadt bekommen Sie durchschnittlich für 5 Euro.

Sehenswürdigkeiten: Es gibt viele Sehenswürdigkeiten, die keinen Eintritt kosten oder nur wenig. Den Turm der „Hallgrímskirkja" beispielsweise können Sie für 4 Euro besteigen, den Weg dorthin und auch der Stadtsee sind wunderbare kostenlose Eindrücke. Falls Sie jedoch das ein oder andere Museum bestaunen möchten, kosten die Eintritte dort durchschnittlich 13 Euro für Erwachsene.

Tipps zum Sparen:

Es kommt immer darauf an, wie man seine Reise verbringen möchte. Reykjavik ist das, was Sie aus der Stadt machen! Es gibt viele Restaurants, vor allem in den Hauptstraßen des Geschehens, die ihre Preise an die Touristenmengen anpassen. Es lohnt sich, einen Weg in die Seitengassen und vor allem, wie oben schon beschrieben, in einheimische Restaurants zu wagen. Diese sind vergleichbar günstig und Sie haben gleichzeitig die typisch isländische Küche probiert!

In den Supermärkten sind die Preise zwar immer noch höher als in Deutschland, jedoch noch völlig im Rahmen. Das ein oder andere Mal selbst kochen, falls dies die Möglichkeit zulässt, spart einige Euro.

Eine Stadt zum Verlieben

LAND UND LEUTE

Die Isländer sind ein ganz eigenes Völkchen. Sie sind weltoffen, extrem freundlich, hilfsbereit wo es nur geht und sie haben auf jeden Fall das Prinzip der Work-Life-Balance verstanden: Lebensfreude und das Leben genießen stehen ganz oben auf der Liste der meisten Bewohner. Vor allem bekannt sind sie jedoch für ihre Geschichten, Mythen, Legenden und Sagen. Für die meisten Isländer sind diese Märchen jedoch keineswegs erfunden. Einheimische glauben beispielsweise an Elfen und Trolle, vor allem im Umkreis von Reykjavik finden diese ihre Heimat. Bis heute sind die Geschichten, die wahrscheinlich stark von der keltischen Kultur inspiriert und auf die Insel gebracht wurden, lebendig geblieben. Es gibt sogar eine sogenannte Elfenbeauftragte, die man vor allem dann aufsucht, wenn etwas Neues gebaut wird. Bekanntlich hausen Elfen in alten Steinbrocken oder Felsen. Sollten diese verrückt oder gesprengt werden, um beispielsweise eine neue Straße oder einen neuen Tunnel erbauen zu können, wird zuerst die Elfenbeauftragte aufgesucht. Gibt diese grünes Licht, kann der Fels weg. Wohnen jedoch nach ihrer Ansicht noch Elfen darin und möchten auch nicht „umziehen", so wird die Straße oder der Tunnel anders verlegt, nur um die Felsen zu schützen. Das erklärt auch so manch kurvigen Straßenverlauf in der Umgebung. Wenn Sie also eine etwas mystische, eigensinnige und zugleich herzliche Kultur kennenlernen wollen, dann wird dieses Reiseziel bei Ihnen noch lange in Erinnerung bleiben!

ZWISCHEN KUNST UND NATUR

Wie oben schon beschrieben, ist Reykjavik eine Kleinkunststadt, umgeben von unberührter Natur. Keine andere Stadt ist so kreativ und gleichzeitig so nah an der Natur gelegen. Es gibt zahlreiche Kunstmuseen und viele Shops und Cafés, die an Kreativität nicht zu überbieten sind. Allein schon der Weg hin zur Kirche „Hallgrímskirkja" ist mit Regenbogenfarben auf dem Asphalt bemalt.

Ich empfehle Ihnen wirklich sehr, sich von der jungen Stadt mitreißen zu lassen und auch ein paar Tage länger dort zu verweilen. Es lohnt sich in jedem Fall! Haben Sie einmal genug vom Stadttrubel, gibt es viele Möglichkeiten, in die Natur zu entfliehen und ein wenig Zeit für sich zu schöpfen oder die Ruhe auf verschiedensten Wanderwegen zu genießen. Aber am besten ist es natürlich, sich ein eigenes Bild von der Stadt zu machen – mit diesem Reiseführer sind Sie somit bestens ausgestattet.

Gute Reise!

Herstellung und Verlag:
BoD – Books on Demand, Norderstedt
ISBN: 9783751989930

1. Auflage
Kontakt: Psiana eCom UG/ Berumer Str. 44/ 26844 Jemgum
Covergestaltung: Fenna Larsson
Coverfoto: depositphotos.com